O ÚLTIMO LIVRO DE RECEITAS MARGARITA

100 COCKTAILS DE MARGARITA E ALIMENTOS COM INFUSÃO DE MARGARITA

VIDAL DE LA PAZ

ÍNDICE

CONCLUSÃO...289

INTRODUÇÃO

A margarita é um coquetel composto de tequila, licor de laranja e suco de limão, muitas vezes servido com sal na borda do copo. A bebida é servida agitada com gelo, misturada com gelo ou sem gelo. Embora tenha se tornado aceitável servir uma margarita em uma ampla variedade de tipos de vidro, variando de copos de coquetel e vinho a copos de cerveja e até grandes escunas, a bebida é tradicionalmente servida no copo de margarita homônimo, uma variante de diâmetro escalonado de um coquetel copo ou cupê de champanhe.

Existem centenas de permutações de margaritas. As margaritas podem ser preparadas em todos os sabores concebíveis, de romã a morango, framboesa, gengibre-abacaxi, hortelã-pepino, chá verde e chocolate. Margarita também pode ser infundida em pratos como Margarita de Frango ou Aperitivos como Espetos de Camarão!

PRATOS COM INFUSÃO DE MARGARITA

1. Margarita de peixe assado

Rendimento: 4 porções

Ingrediente

- 1 ½ kg de filé de peixe (a sua escolha)
- ⅓ xícara de Tequila, branca ou dourada
- ½ xícara Tripple seg
- ¾ xícara de suco de limão
- 1 colher de sal
- 2½ dentes de alho, esmagados
- 1 colher de óleo vegetal
- 3 tomates, médios, em cubos
- 1 Cebola, finamente picada
- 1 colher de sopa de Jalapenos, picados
- 2 colheres de sopa de coentro, fresco, picado
- 1 pitada de açúcar
- 1 pimenta

instruções:

a) Coloque o peixe em um prato que não seja de alumínio grande o suficiente para mantê-lo em uma única camada.

b) Combine tequila, triple sec, suco de limão, sal, alho e óleo 2t e despeje sobre o peixe, esfregando todo. Cubra e deixe marinar por $\frac{1}{2}$ hora em temperatura ambiente ou até 3 horas na geladeira, virando de vez em quando. Pouco antes de servir, misture tomates, cebolas, pimentas, coentro, açúcar e sal a gosto. Aqueça a grelha muito quente.

c) Retire o peixe da marinada, seque (reservando a marinada) e pincele levemente com 1 t de óleo e moa a pimenta sobre a superfície. Cozinhe em uma grelha untada por cerca de 4 minutos de cada lado, ou até que a carne fique opaca.

d) Enquanto isso, ferva a marinada em uma panela por 2 minutos, retire e descarte os dentes de alho e coloque um pouco

sobre o peixe. Coloque o molho de tomate
ao lado e sirva.

2. Medalhões de carne de margarita carbonizada

Rendimento: 4 porções

Ingrediente

- 1 colher de azeite

- 1 colher de manteiga sem sal

- $1\frac{1}{2}$ kg de filé mignon; cortado em medalhões de 1" de espessura

- Sal e pimenta; provar

- 1 cebola Vidalia pequena; corte em cubos médios

- 2 pimentas Poblano; lavado, semeado e cortado em cubos médios

- 1 colher de sopa de sementes de cominho tostadas e moídas

- 2 onças de tequila de ouro

- $\frac{1}{4}$ xícara de suco de limão

- 1 xícara de caldo de vitela rico

- 2 onças de licor de laranja

- 1 colher de sopa de raspas de laranja

- $\frac{1}{2}$ xícara de creme de leite

- $\frac{1}{2}$ colher de chá de sal

- $\frac{1}{2}$ colher de chá de pimenta preta moída

Instruções:

a) Aqueça o azeite e a manteiga em uma frigideira em fogo médio, tempere os medalhões de carne com sal e pimenta e adicione à frigideira quente.

b) Aumente o fogo para alto e doure bem os dois lados da carne. Para manter a carne mal passada a mal passada, cozinhe rapidamente, virando apenas uma vez depois que a carne estiver dourada no primeiro lado. Retire a carne da panela, coloque em uma travessa aquecida e reserve. Adicione as cebolas em cubos e os pimentões poblano à frigideira, espalhe uniformemente e cozinhe até murchar.

c) Adicione o cominho e misture bem para torrar o tempero novamente.

Trabalhando com cuidado para longe do fogo, adicione a tequila à panela, deglaceie a panela girando a tequila e coloque novamente em fogo baixo para reduzir. Adicione o suco de limão e reduza até quase secar antes de adicionar o caldo de vitela.

d) Reduza o caldo pela metade em fogo alto e adicione o licor de laranja e as raspas de laranja frescas.

e) Cozinhe por 2 minutos e adicione o creme de leite. Não deixe ferver, mas cozinhe suavemente por 2 minutos antes de adicionar o sal e a pimenta. Sirva a carne em uma cama de molho com pudim de milho ao lado.

3. marguerita de frango

Rendimento: 4 porções

Ingrediente

- 3 (a 3,5 lb.) frango frito fresco
- 1 colher de sopa de cominho moído
- 1 colher de sopa de chile em pó
- Suco de três limas
- 10 dentes de alho fresco, finamente picado
- 3 colheres de azeite
- $\frac{1}{2}$ xícara de Tequila (branca ou dourada)
- $\frac{1}{2}$ xícara de água
- 1 maço de coentro fresco para decorar

Instruções:

a) Corte o frango em pedaços e retire a pele.

b) Em uma tigela, misture cominho, pimenta em pó, suco de limão, alho e 1 colher de sopa de azeite. Marinar o frango nesta mistura por 20 minutos.

c) Em uma frigideira pesada, aqueça o óleo restante, doure os pedaços de frango de todos os lados.

d) Adicione a marinada, a tequila e a água. Tampe a panela e cozinhe delicadamente até que o frango esteja cozido, cerca de 25 minutos.

e) Transfira os pedaços de frango para uma travessa. Reduza o molho em fogo alto até obter uma boa consistência e despeje sobre o frango. Decore com folhas de coentro. 4 porções.

4. Ensalada de Margarita

Rendimento: 4 porções

Ingrediente

- $\frac{1}{2}$ abacaxi fresco
- 2 Toranjas
- 4 laranja
- 1 abacate
- 1 fatia de melancia; corte em fatias
- 1 xícara de amêndoas fatiadas
- Alface verde; lavado e resfriado
- 1 xícara de suco de abacaxi
- 3 colheres de sopa de suco de limão; fresco
- $\frac{1}{3}$xícara de tequila branca
- $\frac{1}{2}$ colher de chá de açúcar em pó e sal
- 2 colheres de azeite

Instruções:

a) Misture todos os ingredientes para o molho. Agite em uma jarra e resfrie. Usando apenas a carne do abacaxi, corte em cubos de 2,5 cm. Descasque as toranjas, as laranjas e o abacate. Corte em cubos de 2,5 cm (o abacate deve ter 1,2 cm). Misture com o molho.

b) Coloque as folhas de alface espalhadas em um prato. Coloque a mistura de frutas em verduras, cubra com amêndoas fatiadas e decore com fatias de melancia. Sirva gelado em um prato gelado. Isso faria um prato de almoço de verão refrescante.

5. Margarita de garoupa grelhada

Rendimento: 1 porções

Ingrediente

- $1\frac{1}{2}$ kg de filé de garoupa

- $\frac{1}{2}$ xícara Triplo segundo

- 1 colher de chá de sal e mais a gosto

- 1 colher de óleo vegetal

- 1 cebola média, finamente picada

- 2 colheres de sopa de coentro fresco picado pimenta preta moída na hora

- $\frac{1}{3}$xícara de tequila branca ou dourada

- $\frac{3}{4}$ xícara de suco de limão fresco

- 3 dentes de alho grandes, esmagados

- 3 tomates médios, em cubos

- 1 colher de sopa de pimenta jalapeno picada de açúcar

Instruções:

a) Coloque o peixe em um prato não de alumínio grande o suficiente para mantê-lo em uma única camada. Combine tequila, triple sec, suco de limão, sal, alho e 2 colheres de chá de óleo e despeje sobre o peixe, esfregando todo. Cubra e deixe marinar por $\frac{1}{2}$ hora em temperatura ambiente ou até 3 horas na geladeira, virando de vez em quando.

b) Pouco antes de servir, misture tomates, cebolas, pimentas, coentro, açúcar e sal a gosto. Aqueça a grelha bem quente. retire o peixe da marinada, seque (reservando a marinada) e pincele levemente com 1 colher de chá de óleo e moa pimenta sobre a superfície. Cozinhe em uma grelha untada por cerca de 4 minutos de cada lado ou até a carne ficar opaca.

c) Enquanto isso, ferva a marinada em uma panela por 2 minutos, retire e descarte os dentes de alho e coloque um pouco sobre o peixe. Coloque o molho de tomate ao lado e sirva.

6. Carne Margarita com molho de laranja

Rendimento: 5 porções

Ingrediente

- ⅔ xícara de suco de laranja congelado concentrado, descongelado

- ½ xícara de tequila

- ⅓ xícara de suco de limão fresco

- 2 colheres de azeite

- 2 colheres de sopa de gengibre fresco picado

- 2 Med. dentes de alho, esmagados

- 1 colher de sal

- 1 colher de chá de folhas de orégano secas

- ¼ colher de chá de pimenta vermelha moída

- 1½ libras de carne desossada bem aparada

- 1 bife redondo, 1 polegada de espessura

- 1 molho de laranja (rec. segue)

Instruções:

a) Combine suco de laranja concentrado, tequila, suco de limão, óleo, gengibre, alho, sal, orégano e pimenta vermelha. Coloque o bife em um saco plástico: adicione a marinada, virando para cobrir. Feche o saco com segurança e deixe marinar, refrigerado, por 4 horas ou até a noite.

b) Prepare a salsa de laranja Retire o bife da marinada; descarte a marinada. Coloque o bife na grelha sobre carvões médios.

c) Grelhe por 22 a 26 minutos para cozimento médio-raro a médio, virando uma vez. Retire o bife para a tábua de esculpir; deixe repousar 10 minutos. Corte o bife transversalmente em fatias finas: Disponha no prato de servir. Decore com coentro e limão; sirva com molho de laranja. Rende 5 a 6 porções.

7. Camarão Margarita com fettuccine

Rendimento: 2 porções

Ingrediente

- 12 camarões grandes -- descascados e
- Devidado
- ½ xícara de tequila
- 3 colheres de sopa de suco de limão fresco
- 2 ovos
- 2 colheres de água
- ¼ xícara de azeite
- Farinha de uso geral
- ½ xícara de manteiga sem sal
- 3 rodelas finas de limão
- 4 cebolinhas verdes – picadas
- 2 colheres de chá de gengibre picado - descascado
- 2 colheres de chá de alho picado

- 1 colher de chá de farinha de trigo

- 1 xícara de vinho branco seco

- 6 onças Fettuccine

- Endro fresco picado

- 2 horas. Escorra o camarão.

Instruções:

a) Misture o camarão, a tequila e o suco de limão em uma tigela média. Cubra e leve à geladeira Bata os ovos e a água em uma tigela média.

b) Tempere com sal e pimenta. Aqueça o óleo em uma frigideira grande em fogo médio. Mergulhe os camarões na mistura de ovos e depois na farinha; sacuda o excesso. Coloque o camarão na frigideira e refogue até ficar rosado e cozido, cerca de 2 minutos de cada lado. Transfira os camarões para um prato forrado com papel toalha e escorra. Descarte o óleo.

c) Na mesma frigideira, derreta ¼ c de manteiga em fogo médio. Adicione o limão e a cebolinha e refogue por 3 minutos. Adicione o gengibre e o alho e refogue por 2 minutos.

d) Misture a farinha. Aos poucos, misture o vinho; ferver até reduzir ao esmalte, cerca de 2 minutos. Adicione a manteiga restante e bata até derreter. Descarte o limão. Retorne os camarões à frigideira e aqueça.

e) Enquanto isso cozinhe o macarrão em água salgada. Ralo. Divida a massa entre os pratos.

f) Cubra com camarão. Despeje o molho por cima. Polvilhe com endro e sirva.

8. bifes de margarita

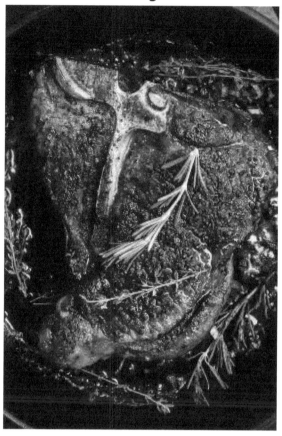

Rendimento: 2 porções

Ingrediente

- ¼ xícara de tequila

- 2 colheres de açúcar

- 1 colher de sopa de coentro; picado, fresco

- 1 colher de chá de casca de lima

- ½ colher de chá de sal

- 2 colheres de suco de limão

- 1 Jalapeño; semeado, picado

- 2 bife T-bone

Instruções:

a) Em uma assadeira retangular de vidro, misture todos os ingredientes, exceto os bifes; misture bem. Coloque os bifes na mistura, virando para cobrir os dois lados. Cobrir; leve à geladeira pelo menos 4 horas para marinar, virando os bifes uma vez. Grelha de calor.

b) Quando estiver pronto para grelhar, retire os bifes da marinada; reserve a marinada. Coloque os bifes na grelha a gás em fogo médio ou na grelha a carvão 4 - - 6 polegadas de carvão médio; grelha de cobertura. Cozinhe por 10 a 15 minutos ou até que os bifes estejam no ponto desejado, virando uma vez e pincelando ocasionalmente com a marinada

9. Primavera de massas da Margarita

Rendimento: 4 porções

Ingrediente

- 1 xícara de queijo cottage com baixo teor de gordura

- 1 colher de sopa de suco de limão fresco

- 8 onças de espaguete fino

- 1 colher de sopa de óleo vegetal aceitável

- $\frac{1}{4}$ xícara de cebolinha picada

- $\frac{1}{2}$ xícara de cebola picada

- 1 dente de alho, picado

- $\frac{1}{4}$ colher de chá de pimenta preta moída na hora,

- Ou a gosto

- 2 xícaras de cogumelos frescos fatiados

- 1 xícara de pimentão verde fatiado

- $1\frac{1}{2}$ xícara de cenoura ralada

- 10 onças Congelado sem adição de sal

- Brócolis, cozido no vapor

Instruções:

a) Escorra qualquer líquido do queijo cottage. Em uma tigela, misture o queijo cottage e o suco de limão. Deixou de lado.

b) Prepare o espaguete de acordo com as instruções da embalagem, omitindo o sal.

c) Escorra bem.

d) Enquanto isso, aqueça o óleo na frigideira em fogo médio-alto. Adicione cebolinha, cebola, alho e pimenta preta e refogue por 1 minuto4. Adicione os cogumelos e mexa 1 minuto. Em seguida, adicione pimentão, cenoura e brócolis e mexa por mais 3-4 minutos. Deixou de lado.

e) Em outra tigela, misture espaguete e queijo cottage para cobrir uniformemente. Cubra com legumes salteados.

10.   Margarita de tubarão

Rendimento: 8 porções

Ingrediente

- 8 bifes de tubarão; 1 polegada de espessura

- ⅓copo de suco de limão

- 1 colher de chá de casca de lima; Grato

- 2 dentes de alho; picado

- ¼ colher de chá de gengibre em pó

- ½ xícara de óleo vegetal

- 1 colher de chá de pimenta; moído na hora

- 1 colher de mel líquido; ou xarope de bordo

Instruções:

a) Lave o tubarão em água fria e seque. Em uma tigela grande, misture o suco de limão e a casca, alho, gengibre, óleo vegetal, pimenta e mel.

b) Adicione o tubarão, mexendo para cobrir bem. Cubra com filme plástico e deixe marinar em temperatura ambiente por 30 minutos ou leve à geladeira por até 1 hora, virando o tubarão ocasionalmente.

c) Escorra o tubarão, reservando a marinada. Grelhe os bifes de tubarão a 4 polegadas de brasas médias em um churrasco ou grelhe no forno em uma configuração média-alta, pincelando com a marinada reservada, por 5 a 6 minutos de cada lado.

11.   Ensopado de carne e tequila

Rendimento: 6 porções

Ingrediente

- 2 quilos de carne
- $\frac{1}{4}$ xícara de farinha sem fermento
- $\frac{1}{4}$ xícara de óleo vegetal
- $\frac{1}{2}$ xícara de Cebola; Picado, 1 Médio
- 2 cada Bacon; Fatias, Corte
- $\frac{1}{4}$ xícara de Cenoura; Picado
- $\frac{1}{4}$ xícara de aipo; Picado
- $\frac{1}{4}$ xícara de tequila
- $\frac{3}{4}$ xícara de suco de tomate
- 2 colheres de sopa de coentro; Fresco, Recortado
- $1\frac{1}{2}$ colher de chá de sal
- 15 onças de grão de bico; 1 lata

- 4 xícaras de tomates; Picado, 4 Médios

- 2 dentes de alho cada; Finamente picado

Instruções:

a) Cubra a carne com farinha. Aqueça o óleo em uma frigideira de 10 polegadas até ficar quente. Cozinhe e mexa a carne no óleo em fogo médio até dourar.

b) Retire a carne com escumadeira e escorra. Cozinhe e mexa a cebola e o bacon na mesma frigideira até que o bacon fique crocante. Junte a carne e os demais ingredientes. calor à ebulição; reduzir o calor.

c) Cubra e cozinhe até a carne ficar macia, cerca de 1 hora.

12.   Frango grelhado com tequila e limão

Rendimento: 4 porções

Ingrediente

- 4 metades de peito de frango; osso da pele
- ⅓xícara de tequila
- 2 colheres de mel
- 1 Lima; raspa e suco
- $\frac{1}{2}$ colher de chá de cominho moído

Instruções:

a) Pré-aqueça o frango. Bata os seios levemente para achatar uniformemente. Em uma tigela média, misture a tequila, o mel, as raspas e o suco e o cominho moído.

b) Mexa para misturar bem. Adicione o frango e vire várias vezes até que o frango esteja bem revestido com a marinada. Coloque os peitos de frango em uma assadeira. Grelhe a cerca de 10 cm do fogo, virando uma vez e regando várias vezes com o molho nos primeiros 4 minutos, até que o frango esteja dourado por fora e branco no centro, 6 a 8 minutos no total.

13.   Frango com mel-limão-tequila

Rendimento: 8 porções

Ingrediente

- 4 metades de peito de frango desossado e sem pele

- 2 colheres de mel

- ⅔xícara de suco de limão fresco

- ¼ xícara de tequila

- 2 dentes de alho; picado

- 1 cebola amarela; picado

- 1 pimentão vermelho; picado

Instruções:

a) Misture os ingredientes da marinada e despeje sobre os peitos de frango. Marinar por pelo menos 1 hora.

b) Escorra a marinada e grelhe de cada lado cerca de 7-8 minutos de cada lado ou até não restar rosa.

14. Salmão empanado

Rendimento: 4 porções

Ingrediente

- 4 tomates de ameixa italianos cerca de 8 oz.

- 1 pimenta serrana ou jalapeno picada grosseiramente

- $\frac{1}{4}$ Cebola roxa picada grosseiramente

- 4 filés de salmão com ossos e pele removidos

- 1 dente de alho

- $\frac{1}{3}$ xícara de tequila

- $\frac{1}{2}$ colher de chá de sal

- $\frac{1}{4}$ colher de chá de pimenta preta rachada

- 1 colher de sopa de vinagre balsâmico

- 1 colher de azeite

- 3 colheres de sopa de pimenta vermelha suave

- 6 colheres de azeite

Instruções:

a) Prepare o Vinagrete de Tomate-Tequila e reserve.

b) Esfregue os filés de salmão com o pó de pimenta. Aqueça o azeite em uma frigideira em fogo médio-alto, adicione os filés sem amontoar e doure de 3 a 4 minutos de cada lado, dependendo do grau de cozimento desejado.

c) Para servir, coloque os filés de salmão em quatro pratos, mexa o vinagrete e despeje sobre os filés.

d) Vinagrete de tomate e tequila enegrecido: Para escurecer os tomates, pré-aqueça uma frigideira pesada em fogo alto. Adicione os tomates inteiros e cozinhe, virando ocasionalmente, até que as peles dos tomates se partam e fiquem enegrecidas, cerca de 5 minutos. Retire e deixe esfriar. Descasque os tomates, descarte as pontas do caule e pique os tomates grosseiramente.

e) Combine os tomates, pimenta, cebola, alho, tequila, sal e pimenta em uma panela não reativa e cozinhe em fogo médio-alto por 10 minutos, mexendo ocasionalmente. Despeje o conteúdo em um liquidificador ou processador de alimentos e bata por 1 minuto.

f) Coe em uma peneira de malha fina em uma tigela. Adicione o vinagre e o azeite e misture bem. A gosto pelo tempero.

15. Massa com tequila, abacate e camarão

Rendimento: 4 porções

Ingrediente

- 8 tomates grandes; corado e semeado

- 2 colheres de chá de sal grosso

- $\frac{1}{2}$ colher de chá de pimenta preta moída na hora

- 1kg de Fettuccine

- 1kg de camarão médio; descascado e descascado

- 1 colher de chá de flocos de pimenta vermelha esmagados

- 8 colheres de manteiga sem sal

- $\frac{1}{2}$ xícara de tequila

- 1 Abacate; sementes removidas, descascadas e cortadas em cubos

- 1 molho de coentro; picado

Instruções:

a) Bata os tomates no liquidificador até ficar homogêneo, adicionando uma colher de sopa ou 2 de água se estiver seco. Reserva. Encha uma panela grande com água e deixe ferver. Adicione sal e macarrão e cozinhe até ficar al dente, cerca de 8 minutos. Escorra em uma peneira. Derreta 4 colheres de manteiga em uma frigideira grande em fogo alto.

b) Refogue o camarão com sal, pimenta e flocos de pimenta vermelha até a laranja rosa, cerca de 1 minuto de cada lado. Adicione a tequila e flambe. Com uma escumadeira, transfira os camarões para uma travessa, deixando a manteiga na panela.

c) Adicione o purê de tomate reservado, deixe ferver e cozinhe até reduzir em cerca de um terço. Ajuste os temperos a gosto. Quebre a manteiga restante em pedaços pequenos e misture no molho junto com o camarão.

d) Quando estiver homogêneo, retire do fogo e despeje sobre tigelas de fettuccine quente. Decore com abacate e coentro picado.

16.   Pargo de rabo amarelo com manga

Rendimento: 4 porções

Ingrediente

- 4 filés de pargo (6 onças cada); Esfolado
- 1 xícara de fubá
- 2 colheres de sopa de Azeite Extra Virgem; Dividido
- 2 Chalotas; Picado Fino
- 3 colheres de sopa de vinagre de estragão
- $\frac{1}{4}$ xícara de tequila
- 1 xícara de caldo de galinha
- $\frac{1}{4}$ xícara de suco concentrado de laranja
- 1 $\frac{1}{2}$ xícara de manga; Em cubos
- 2 colheres de cebolinha fresca; Picado
- Sal e pimenta-do-reino moída a gosto

Instruções:

a) Aqueça o forno a 375 graus. Mergulhe cada filé de peixe na farinha de milho e retire o excesso.

b) Em uma frigideira refratária grande o suficiente para segurar os filés sem amontoar, aqueça 1 colher de sopa de azeite. Adicione o pargo e refogue por 1 minuto. Vire o filé; em seguida, transfira a assadeira para o forno e asse o peixe por 4 a 5 minutos. o peixe deve então ser opaco, não translúcido.

c) Enquanto o peixe está assando, em uma panela média, aqueça 1 colher de sopa de azeite. Refogue as chalotas e quando estiverem translúcidas, adicione o vinagre. Deixe reduzir até quase secar. Adicione a tequila e deixe reduzir pela metade. Junte o caldo, o concentrado de sumo de laranja e as mangas. Deixe ferver por 5 minutos.

d) Despeje no liquidificador e processe até ficar bem homogêneo. Adicione a cebolinha e ajuste o tempero.

e) Coloque cerca de 2 colheres de sopa de molho em cada prato e coloque o peixe cozido no centro.

f) Para uma bela apresentação, decore com manga em cubos ou com manjericão roxo e cebolinha.

17.　　Tequila-frango com laranja

Rendimento: 6 porções

Ingrediente

- $\frac{1}{2}$ xícara de suco de laranja

- $\frac{1}{4}$ xícara de tequila

- 2 colheres de sopa de pimenta jalapeño quente Vlasic

- $\frac{1}{2}$ colher de chá de casca de laranja ralada

- 1 lata (10-1/2 onças) de molho de frango

- 3 cada Peitos de frango inteiros

Instruções:

a) Para fazer o molho: Em uma panela de 1 litro, misture o suco, a tequila, os pimentões e a casca. Em fogo alto, aqueça até ferver. Reduza o fogo para baixo.

b) Cozinhe, descoberto, por 10 minutos ou até que a mistura seja reduzida pela metade.

c) Adicione o molho, aqueça, mexendo sempre.

d) Na grelha, coloque o frango, com a pele para cima, diretamente sobre as brasas médias. Grelhe descoberto por 1 hora ou até ficar macio e os sucos ficarem claros, virando e pincelando com o molho durante os últimos 30 minutos.

e) Para grelhar: Arrume o frango, com a pele para cima, na grelha da assadeira.

f) Grelhe a 15 cm do fogo por 40 minutos ou até ficar macio e os sucos ficarem claros, virando e pincelando frequentemente com molho durante os últimos 20 minutos.

18.   Camarão tequila-limão

Rendimento: 1 porções

Ingrediente

- $\frac{1}{2}$ barra de margarina

- 2 colheres de azeite

- 2 dentes de alho, picados

- $1\frac{1}{2}$ libras de camarão médio, descascado e limpo

- 3 colheres de tequila

- $1\frac{1}{2}$ colher de sopa de suco de limão

- $\frac{1}{2}$ colher de chá de sal

- $\frac{1}{2}$ colher de chá de pimenta em pó

- 4 colheres de sopa de coentro fresco picado grosseiramente

Instruções:

a) Seque os camarões com papel toalha. Aqueça a margarina e o óleo em uma frigideira grande em fogo médio. Adicione o alho e o camarão; cozinhe cerca de 2 minutos, mexendo de vez em quando.

b) Misture a tequila, o suco de limão, o sal e a pimenta em pó. Cozinhe por mais 2 minutos ou até que a maior parte do líquido tenha evaporado e os camarões estejam rosados   e vitrificados. Adicione coentro.

c) Sirva sobre o arroz quente e cozido, decorado com fatias de limão.

19.   Massa de tequila Quattro fromaggio

Rendimento: 4 porções

Ingrediente

- 1 colher de sopa de margarina ou manteiga

- 1 colher de sopa de farinha de trigo

- $\frac{1}{2}$ colher de chá de pimenta

- $\frac{1}{4}$ colher de chá de sal

- 1 lata de leite desnatado evaporado (12 onças)

- $\frac{1}{4}$ xícara de queijo fontina ralado (1 oz.)

- $\frac{1}{4}$ xícara de gorgonzola desintegrado ou outro queijo azul -- (1 oz.

- $\frac{1}{4}$ xícara de queijo camembert em cubos; (1 onças)

- 6 xícaras de rigatoni cozido quente; (9 onças. cru)

- 2 colheres de manjericão fresco picado

- $\frac{1}{4}$ xícara de queijo parmesão fresco ralado fino -- (1 oz.)

Instruções:

a) Derreta a margarina em uma panela grande em fogo médio. Adicione a farinha; cozinhe 30 segundos, mexendo sempre com um batedor. Adicione a pimenta, o sal e o leite e deixe ferver, mexendo sempre.

b) Retire do fogo e adicione os queijos fontina, gorgonzola e camembert, mexendo até derreter os queijos. Misture o macarrão e o manjericão; colher em cada uma das 4 tigelas. Polvilhe com queijo parmesão.

20. Milho doce, salada de jicama com tequila

Rendimento: 4 porções

Ingrediente

- 6 espigas de milho

- 2 Jicama

- 1 pimentão vermelho, finamente picado

- 1 pimentão amarelo, bem picado

- 3 espinafres baby

- 2 colheres de pinhão

- Vestir:

- Suco de 3 limões

- 2 colheres de tequila

- 1 colher de chá de vinagre de vinho branco

- $\frac{1}{2}$ xícara de azeite

- 1 pitada de cominho

- 1 pitada de Caiena

Instruções:

a) Cozinhe o milho em água com sal até ficar macio. Retire o milho da espiga. Descasque e julienne jicama. Pique o pimentão vermelho e amarelo.

b) Coloque todos os ingredientes para o molho em uma panela média, exceto o óleo e leve para ferver. Emulsione lentamente o óleo na base e reserve.

c) Junte o espinafre, a jicama e o milho e vista-se. Divida uniformemente entre seis pratos e decore com pimentas e pinon.

21. Lombo de porco em tequila

Rendimento: 6 porções

Ingrediente

- 2 quilos de lombo de porco

- $\frac{1}{4}$ xícara de óleo vegetal

- 2 dentes de alho

- $\frac{1}{4}$ xícara de Cenoura; Picado

- $\frac{1}{4}$ xícara de aipo; Picado

- $\frac{1}{4}$ xícara de suco de limão

- $\frac{1}{4}$ xícara de tequila

- 1 colher de sopa de pimenta vermelha; Chão

- 1 colher de sal

- 1 colher de chá de folhas de orégano; Seco

- 1 colher de chá de folhas de tomilho; Seco

- $\frac{1}{4}$ colher de chá de pimenta

- 4 xícaras de tomates; Picado

- $\frac{1}{4}$ xícara de Cebola; Picado

- 1 folha de louro

- $\frac{1}{4}$ xícara de salsa; Recortado

Instruções:

a) Espalhe a mostarda sobre o lombo de porco. Aqueça o óleo e o alho em uma frigideira de 10 "até ficar quente. Cozinhe a carne de porco no óleo em fogo médio até dourar.

b) Retire o alho. Misture os ingredientes restantes, exceto a salsa. Aqueça até ferver, em seguida, reduza o fogo. Cubra e cozinhe até que a carne de porco esteja pronta, cerca de 30 minutos. Retire a folha de louro e polvilhe com a salsa.

c) Servir.

22. Frango marinado em margarita

Rendimento: 4 porções

Ingrediente

- 4 Poussins (galinhas) OU galinhas de caça da Cornualha

- $\frac{1}{2}$ xícara de suco de limão fresco

- $\frac{1}{3}$ xícara de tequila dourada

- $\frac{1}{4}$ xícara de azeite

- 2 colheres de sopa de Cointreau

- 2 dentes de alho; descascar/picar

- Sal e pimenta

Instruções:

a) Remova as espinhas das galinhas. Achate as galinhas com a palma da mão.

b) Em uma tigela grande, misture o suco de limão, tequila, azeite, Cointreau e alho. Adicione os frangos e vire para revestir. Cubra e deixe marinar, virando uma ou duas vezes, até 2 horas em temperatura ambiente ou durante a noite na geladeira.

c) Retorne à temperatura ambiente antes de cozinhar.

d) Retire os frangos da marinada e arrume-os, com a pele para cima, em uma assadeira rasa. Tempere com sal e pimenta a gosto.

e) Asse a 400 graus na prateleira superior do forno, regando ocasionalmente com marinada, até que a pele fique dourada e os sucos das coxas, perfurados na parte mais grossa, fiquem amarelo-rosado, 25 a 30 minutos.

23. Camarão Santa fe com molho de tequila

Rendimento: 1 porções

Ingrediente

- 3 pimentas verdes do Novo México, torradas, descascadas, sem caules e sementes, picadas

- 24 camarões grandes, sem casca, borboletas

- 2 colheres de manteiga

- 2 colheres de sopa de suco de tequila de 3 limões

- $\frac{1}{2}$ xícara de creme de leite

- 1 colher de sopa de casca de limão ralada

Instruções:

a) Estes camarões picantes podem ser servidos como aperitivo ou entrada. Um vinho branco seco pode substituir a tequila, se preferir.

b) Refogue o camarão e a pimenta verde na manteiga até que comecem a perder a translucidez. Retire o camarão e mantenha aquecido. Aumente o fogo e adicione a tequila e o suco de limão.

c) Enquanto mexe, adicione o creme de leite e as raspas e continue mexendo até o molho engrossar. Retorne o camarão para a panela e aqueça por 2-3 minutos ou até que o camarão esteja pronto. Serve 4-6.

24. Sopa de batata doce e tequila

Rendimento: 4 porções

Ingrediente

- 3 batatas doces médias
- 4 colheres de tequila
- $\frac{1}{4}$ xícara de manteiga sem sal; temperatura ambiente.
- Noz-moscada fresca ralada a gosto
- $\frac{1}{2}$ colher de chá de sal (ou a gosto)
- Pimenta branca moída fresca a gosto

Instruções:

a) Esfregue as batatas-doces com casca, cortadas em pedaços grandes e cozinhe em água fervente levemente salgada até ficarem macias. Em seguida, despeje a água, tampe a panela e deixe as batatas 'fluff' cerca de 5 minutos.

b) Descasque as batatas rapidamente, adicione 2 colheres de tequila, manteiga e noz-moscada. Bata com uma batedeira elétrica ou processe em um processador de alimentos até ficar homogêneo.

c) Prove e adicione sal, pimenta branca e mais 2 colheres de tequila, se desejar. Sirva quente. Rende 4 a 6 porções.

SOBREMESAS MARGARITA

25.   torta de margarita

Rendimento: 10 porções

Ingrediente

- 1 pacote de morangos congelados em calda descongelados (10 onças)

- 1 pacote de queijo creme, amolecido (8 oz.

- $\frac{1}{2}$ xícara de mistura de margarita descongelada

- 4 onças Chicote frio - descongelado

- 1 pacote de crosta de torta de biscoito graham

Instruções:

a) Coloque os morangos, o cream cheese e o concentrado de margarita no liquidificador ou processador de alimentos.

b) Cubra e bata em velocidade média até misturar bem. Despeje a mistura em uma tigela média; dobre na cobertura batida.

c) Despeje na massa de torta. Congele de 4 a 6 horas ou até firmar. Deixe repousar à temperatura ambiente 5 a 10 minutos antes de cortar.

26. Sobremesa de margarita de morango congelada

Rendimento: 8 porções

Ingrediente

- 1 $\frac{1}{4}$ xícara de pretzels bem triturados

- $\frac{1}{4}$ xícara) de açúcar

- $\frac{1}{2}$ xícara de manteiga ou margarina; derretido

- 1 lata de leite condensado; 14 onças.

- $\frac{1}{4}$ xícara de suco de limão

- 2 colheres de tequila

- 2 colheres de licor de laranja

- 1 embalagem de Morangos em calda; 10 onças. descongelado

- 1 xícara de creme de leite

Instruções:

a) Para fazer a crosta: Misture os pretzels, o açúcar e a manteiga derretida.

Pressione firmemente no fundo da forma de mola de 8 ". Resfrie.

b) Para o recheio, misture o leite condensado, o suco de limão, a tequila e o licor de laranja. Bata até amaciar. Adicione os morangos, bata em velocidade baixa até misturar bem.

c) Dobre em chantilly. Despeje sobre a crosta, congele 4 - 6 horas ou até ficar firme.

d) Deixe repousar à temperatura ambiente 15 minutos antes de servir.

27.   Torta congelada de margarita de morango

Rendimento: 1 porções

Ingrediente

- $1\frac{1}{4}$ pretzels bem triturados
- $\frac{1}{4}$ Suco de limão
- $\frac{1}{4}$ Açúcar
- 4 Tequilas
- $\frac{1}{2}$ + 2 colheres de sopa de manteiga derretida ou m
- 2 Triple sec ou outra laranja
- 14 latas de leite condensado
- 1 Corante Vermelho
- 1 fresco picado
- 1 creme de leite - batido

Instruções:

a) Combine migalhas de pretzel, açúcar e margarina; pressione firmemente na parte inferior e nas laterais até a borda da placa de torta de 9 " levemente amanteigada.

b) Em uma tigela, misture o leite condensado, os morangos picados, o suco de limão, a tequila, o triple sec e o corante alimentício, se desejar. Misture bem. Dobre em chantilly. Despeje na crosta preparada.

c) Congele por 4 horas ou até firmar. Deixe repousar 10 minutos antes de servir. Decore como desejar. >> Congele as sobras. -- Faz uma torta de 9" TORTA MARGARITA: Omita morangos e corante vermelho.

d) Aumente o suco de limão para⅓c. e adicione corante alimentar verde, se desejar. Proceda como acima. Congele 4 horas. Decore como desejar. Congele as sobras.

28.   Margaritas de manga com limão

Rendimento: 2 porções

Ingrediente

- 2 tequilas

- 1 Cointreau

- $\frac{1}{4}$ manga fresca; descascado e picado

- $\frac{1}{2}$ xícara de suco de laranja fresco

- $\frac{1}{2}$ Key ou limão mexicano; apenas suco

- 1 xícara de gelo; esmagado

- 2 fatias de Key ou limão mexicano (guarnição)

Instruções:

a) Combine a tequila, Cointreau, manga, suco de laranja, suco de limão e gelo no liquidificador e bata até ficar cremoso.

b) Decore com rodelas de lima.

29.   cheesecake de marguerita

Rendimento: 12 porções

Ingrediente

- 1 ¼ xícara de migalhas de biscoito wafer de baunilha

- ¼ xícara de manteiga sem sal, derretida

- 3 pacotes de 8 onças de cream cheese

- Temperatura do quarto

- 2 xícaras de creme de leite

- 1¼ xícara de açúcar

- 3 colheres de sopa de Grand Marnier

- 3 colheres de tequila dourada

- 3 colheres de sopa de suco, limão

- 2 colheres de chá de casca de limão ralada

- 4 ovos grandes

Instruções:

a) Pré-aqueça o forno a 350 graus. Misture as migalhas de biscoito e a manteiga em uma tigela média até misturar.

b) Pressione a mistura no fundo e nos lados de 1 polegada para cima da forma de mola de 9 polegadas de diâmetro com lados altos de 2 3/4 polegadas. Leve à geladeira enquanto prepara o recheio.

c) Usando a batedeira, bata o cream cheese em uma tigela grande até ficar fofo.

d) Adicione 1 xícara de creme de leite, 1 xícara de açúcar, Grand Marnier, tequila, suco de limão e casca de limão e bata até misturar bem. Adicione os ovos 1 de cada vez, batendo apenas até misturar após cada adição.

e) Despeje o recheio na crosta. Asse até que o centro esteja macio, cerca de 50 minutos. Manter a temperatura do forno. Misture 1 xícara de creme de leite restante, $\frac{1}{4}$ xícara de açúcar e 1 colher de sopa de suco de limão em uma tigela pequena. Despeje sobre o cheesecake.

Com a espátula, alise o topo. Asse o cheesecake por mais 5 minutos.

f) Transfira a forma para uma gradinha e esfrie completamente. Leve à geladeira até ficar bem gelado, pelo menos 4 horas ou durante a noite.

g) Passe a faca pelas laterais da forma para soltar o bolo. Remova as laterais da panela. Decore o bolo com fatias de limão.

30.   pote de creme de margarita

Rendimento: 8 porções

Ingrediente

- ⅔xícara de açúcar granulado

- 2 colheres de chá de amido de milho

- 1 colher de sopa de casca de limão ralada bem fininha

- ⅓copo de suco de limão

- 2 colheres de sopa Cada tequila e Triple Sec

- 4 gemas

- 1 xícara de creme de leite

- 2 xícaras de morangos fatiados

- 8 tiras de casca de limão

Instruções:

a) Em uma panela pesada em fogo médio, bata o açúcar com o amido de milho. Acrescente a casca e o suco, tequila, Triple Sec e as gemas; cozinhe, mexendo, por 4 minutos ou até engrossar e as bolhas estourarem na superfície.

b) Transfira para a tigela; coloque o filme plástico na superfície. Leve à geladeira por 1 hora ou até ficar bem gelado.

31.   Mousse de morango

Rendimento: 5 porções

Ingrediente

- 4 xícaras de morangos inteiros, descascados
- 1 xícara de açúcar
- 3 colheres de sopa de água fervente
- 4 colheres de chá de gelatina sem sabor
- $\frac{1}{4}$ xícara de tequila
- 1 colher de sopa de Triple sec ou outro licor com sabor de laranja
- 2 xícaras de iogurte natural desnatado

Instruções:

a) Coloque os morangos no liquidificador e processe até ficar homogêneo. Despeje em uma tigela grande; misture o açúcar. Cubra e deixe descansar por 30 minutos, mexendo de vez em quando.

b) Combine água fervente e gelatina em uma tigela pequena; deixe descansar por 5 minutos ou até que a gelatina se dissolva, mexendo sempre. Adicione a tequila e o triple sec e mexa bem. Misture a mistura de gelatina na mistura de morango.

c) Cubra e leve à geladeira por 10 minutos ou até que a mistura comece a engrossar. Adicione o iogurte (à temperatura ambiente), mexendo com um batedor de arame até ficar bem misturado.

d) Divida a mistura uniformemente entre 5 copos de margarita ou copos grandes; cubra e leve à geladeira por pelo menos 4 horas ou até endurecer.

32.   Salada de frutas margarita

Rendimento: 1 porção

Ingrediente

- 1 melão e melão, cortados em pedaços
- 2 laranjas e toranjas, descascadas e cortadas em pedaços
- 1 manga, descascada e cortada em cubos
- 2 xícaras de morangos cortados ao meio
- $\frac{1}{2}$ xícara de açúcar
- $\frac{1}{3}$ copo de suco de laranja
- 3 colheres de tequila
- 3 colheres de licor de laranja
- 3 colheres de sopa de suco de limão
- 1 xícara de coco fresco ralado grosso

Instruções:

a) Junte as frutas, reserve. Em uma panela pequena, cozinhe o açúcar e o suco de laranja em fogo médio-alto, mexendo, por 3 minutos ou até que o açúcar se dissolva.

b) Junte a tequila, o licor e o suco de limão. Deixe esfriar à temperatura ambiente.

c) Combine com frutas. Cubra e leve à geladeira por pelo menos duas horas ou durante a noite. Pouco antes de servir polvilhe com coco.

33. Bolo de amêndoa espanhol com tequila

Rendimento: 8 porções

Ingrediente

- 1 xícara + 2 colheres de sopa de amêndoas; levemente torrado
- 1 xícara de Farinha; Todos os propósitos
- $1\frac{1}{4}$ colher de chá de fermento em pó
- $\frac{1}{4}$ colher de chá de sal
- $\frac{1}{2}$ quilo de Manteiga; sem sal
- 1 xícara de açúcar
- Noz-moscada ralada na hora
- $\frac{1}{2}$ litro de creme de leite
- 3 colheres de açúcar em pó
- 4 ovos
- $\frac{1}{4}$ colher de chá de extrato de amêndoa puro
- 3 colheres de tequila anejo
- 2 colheres de chá de raspas de laranja
- 1 colher de chá de raspas de limão
- $\frac{1}{4}$ colher de chá de noz-moscada; Grato
- mangas fatiadas
- $\frac{1}{4}$ colher de chá de extrato de baunilha
- 1 colher de sopa de tequila anejo

Instruções:

a) Triture finamente todas as amêndoas. Separe 2 colheres de sopa de nozes moídas. Misture o restante das nozes com a farinha, o fermento e o sal e reserve.

b) Bata a manteiga e o açúcar com uma batedeira elétrica. Adicione os ovos, um a um, misturando bem, misture o extrato de amêndoa, a tequila, as raspas de frutas cítricas e $\frac{1}{4}$ colher de chá de noz-moscada ralada. Misture a mistura de amêndoa/farinha até incorporar. Espalhe a massa em uma panela de 9 $\frac{1}{2}$ polegadas por 2 polegadas (ou uma forma de mola) que tenha sido untada com manteiga e polvilhada com farinha.

c) Polvilhe com as restantes amêndoas moídas. Coloque no forno pré-aquecido a 325 graus na prateleira do meio e asse até que o testador saia limpo (cerca de 40-45 minutos). Resfrie 10 minutos; retire da panela invertendo em uma travessa. Polvilhe com açúcar de confeiteiro e noz-moscada ralada na hora; guarnição, enfeite, adorno. Sirva com uma saborosa bebida de café ou gemada.

d) Análise nutricional por porção: 420 calorias, 28 gramas de gordura, 34 gramas de carboidratos, 135 miligramas de colesterol, 189 miligramas de sódio,

61% das calorias provenientes de gordura.

e) Chantilly mexicano: Na tigela de aço inoxidável gelada com batedores gelados, bata o creme de leite até engrossar um pouco. Adicione lentamente o açúcar de confeiteiro, a baunilha e a tequila e bata até formar montinhos firmes.

34. Tigela de morangos com tequila

Rendimento: 6 porções

Ingrediente
- 6 xícaras de morangos cortados ao meio
- $\frac{1}{2}$ xícara de suco de laranja
- $\frac{1}{4}$ xícara de tequila
- 2 colheres de chá de pimenta moída na hora
- 2 colheres de chá de vinagre balsâmico
- Raminhos de hortelã, (opcional)

Instruções:

a) Junte os ingredientes em uma tigela e misture bem.
b) Cubra e leve à geladeira por 3 horas, mexendo ocasionalmente.

35. Bolos de lentilha com salsa de cacto nopalito

Rendimento: 1 porções

Ingrediente
- 1 xícara de lentilhas vermelhas
- 1 xícara de lentilha verde francesa
- 1 xícara de pimentão misto; doce e quente,
- $\frac{1}{4}$ xícara de cebolinha; fatiado
- $\frac{1}{4}$ xícara de cebola; em cubos
- 2 ovos
- 1 xícara de farinha de trigo integral
- $\frac{1}{4}$ xícara de cebolinha picada
- $\frac{1}{4}$ xícara de cenoura e aipo; picado muito pequeno
- Sal e pimenta
- 1 cacto Nopalito; em cubos pequenos
- $\frac{1}{2}$ xícara de pimentão misto
- $\frac{1}{2}$ xícara de supremos cítricos mistos. picado
- $\frac{1}{2}$ xícara de tomate em cubos
- 1 colher de cebolinha; fatiado
- 3 colheres de coentro; picado
- 2 colheres de Cebola; em cubos
- 2 Limas; Suco de
- 2 colheres de azeite
- Sal e pimenta
- $\frac{1}{2}$ xícara de tequila

Instruções:

a) Cozinhe as lentilhas separadamente em água com sal até ficarem macias, cerca de 15 minutos para o vermelho e 25 minutos para o verde. Escorra e seque.
b) Faça um purê de lentilhas vermelhas e misture com lentilhas verdes inteiras eIngredientes. Divida em 24 porções iguais e frite até dourar.
c) Salsa: Misture todos os ingredientes.

36.　　Sopa de melancia com tequila

Rendimento: 1 porções

Ingrediente

- 1 xícara de açúcar
- $\frac{1}{2}$ xícara de tequila
- $\frac{3}{4}$ xícara de água
- $\frac{1}{4}$ xícara Triplo segundo
- 1 xícara de creme de leite
- 2 colheres de sopa de suco de melancia
- 2 colheres de sopa de triplo segundo
- 3 xícaras de melancia; semeado e picado
- $2\frac{1}{2}$ xícara de purê de melão
- $1\frac{1}{2}$ xícara de xarope de tequila
- $\frac{1}{4}$ xícara de tequila
- $\frac{1}{4}$ xícara de suco de melão
- 2 Limas; espremido
- 4 colheres de melão

- 1 colher de sopa de triplo segundo

- 1 Limão escaldado em calda de tequila;
  Entusiasmo de

Instruções:

a) Faça o xarope de tequila: Combine todos os ingredientes do xarope. Leve ao fogo médio até dissolver o açúcar. Resfrie até esfriar.

b) Faça o enfeite de chantilly triple sec: Combine o chantilly Ingredientes ae bata em picos firmes. Rosetas de tubos em forma forrada com papel encerado. Congelar.

c) Faça a sopa: Em um processador de alimentos coloque 3 xícaras de melancia. Despeje o excesso de suco e reserve.

d) Purê de melancia até ficar homogêneo. Em uma tigela misture o purê de melão, o suco reservado, $1\frac{1}{2}$ xícaras de calda de tequila, $\frac{1}{4}$ xícara de tequila, suco de dois limões e leve para gelar. Em outra tigela pequena, misture 4 colheres de sopa de melão em cubos para decorar, 1 colher de sopa de triple sec e raspas de limão e resfrie.

e) Para servir, coloque o enfeite de chantilly no fundo de uma tigela ou copo Kosher com borda de sal. Despeje 6 onças de sopa na tigela ou copo. Decore com 1 colher de sopa de melão picado e polvilhe com sal.

37. Bolinhos de caranguejo de milho com manteiga de margarita

Rendimento: 1 porções

Ingrediente

- 2 quilos de carne de caranguejo; limpo
- 2 colheres de mostarda
- 2 colheres de chá de molho inglês
- $\frac{1}{2}$ colher de chá de pimenta caiena
- 1 xícara de farinha de rosca
- 1 xícara de maionese
- 2 pimentas serranas; semeado e picado
- $\frac{1}{2}$ xícara de milho torrado
- $\frac{1}{2}$ pimentão vermelho; em cubos
- $\frac{1}{2}$ cebola roxa; em cubos
- 2 colheres de sopa de coentro fresco; picado
- Sal e pimenta
- 1 xícara de caldo de galinha

- $\frac{1}{2}$ xícara de tequila

- $\frac{1}{4}$ xícara de suco de limão

- 1 xícara de vinho branco

- $\frac{1}{4}$ xícara de creme de leite

- 2 quilos de manteiga sem sal

- Sal e pimenta branca

Instruções:

a) BOLOS DE CARANGUEJO Milho assado no forno. Combine todos os ingredientes, exceto maionese, mostarda e carne de caranguejo e misture bem. Adicione a carne de caranguejo e misture com mostarda e maionese. Forme bolos e doure na frigideira.

b) MANTEIGA TEQUILA LIME Combine todos os líquidos em uma panela grande e reduza para um quarto do volume. Corte a manteiga em quadrados de uma polegada e adicione dois cubos de cada vez ao líquido, mexendo continuamente.

No liquidificador, pulse de três a cinco vezes até emulsionar. Sal e pimenta a gosto.

CONDIMENTOS MARGARITA

38.   Molho de toranja margarita

Rendimento: 4 porções

Ingrediente

- 4 chalotas

- 2 jalapenos

- 1 colher de óleo vegetal

- 1 maço de talos de coentro

- 2 xícaras de suco de toranja

- $\frac{1}{2}$ xícaras de caldo de galinha

- 3 onças. tequila

- $\frac{1}{4}$ c de suco de limão

- 2 colheres de sopa de amido de milho,
  dissolvido em $2\frac{1}{4}$ c cada gomos de toranja,
  laranja e lima,

- 2 colheres de sopa de coentro picado

- 1 onças. Cointreau

- Sal

Instruções:

a) Aqueça o óleo em uma panela média em fogo médio-alto. Adicione as chalotas, jalapenos, hastes de coentro e sue por 3 minutos. Adicione o suco de toranja, caldo de galinha, tequila e suco de limão. Leve para ferver.

b) Mexendo constantemente, despeje gradualmente a mistura de amido de milho até que o molho comece a engrossar – você não precisará usar tudo. Ferva cerca de 20 minutos. Coe em uma peneira fina. Dobre em segmentos cítricos, coentro e Cointreau. Tempere a gosto com sal.

39. Fondue de tequila Monterey jack

Rendimento: 6 porções

Ingrediente

- 10 onças de caldo de galinha
- ⅓ xícara de tequila
- 1 quilo de queijo Monterey Jack, ralado
- $1\frac{1}{2}$ colher de amido de milho

Instruções:

a) Leve o caldo e a tequila para ferver. Reduza o fogo e adicione o queijo ralado, mexendo até ficar homogêneo. Junte o amido de milho e continue a cozinhar até ficar espesso e borbulhante.

b) Despeje na panela de fondue e leve ao fogo baixo. Sirva com dippers de legumes e salsa. Rende 6 porções.

40.   Esmalte de margarita para aves

Rendimento: 1 porções

Ingrediente

- $\frac{1}{4}$ xícara de mel

- $\frac{1}{4}$ xícara Triplo segundo

- $\frac{1}{4}$ xícara de suco de limão

- $\frac{1}{4}$ xícara de tequila

Instruções:

a) Misturar

41.   Salsa Margarita Jalapeño

Rendimento: 1 porções

Ingrediente

- $\frac{1}{2}$ xícara de tomate em cubos (cubos de 1/2 polegada)

- $\frac{1}{2}$ xícara de cebola roxa ou branca picada em pedaços médios

- 4 ou mais pimentas Jalapeno frescas; muito finamente picado

- 1 dente de alho; picado

- $\frac{1}{2}$ colher de chá de Sal; ou a gosto

- $\frac{1}{4}$ xícara de tequila dourada ou branca

Instruções:

a) Misture todos os ingredientes e deixe repousar pelo menos 30 minutos à temperatura ambiente.

b) Prove e ajuste os temperos.

c) Rende cerca de 1-$\frac{1}{2}$ xícaras.

42. marinada de margarita

Rendimento: 1 lote

Ingrediente

- 10 onças lata de tomate em cubos

- E pimentões verdes, drenados

- $\frac{1}{4}$ xícara de suco de laranja

- $\frac{1}{4}$ xícara de tequila

- $\frac{1}{4}$ xícara de óleo vegetal

- 2 colheres de sopa de suco de limão fresco

- 1 colher de mel

- 1 colher de chá de alho fresco picado

- 1 colher de chá de casca de limão ralada

Instruções:

a) Em um saco plástico grande para alimentos, misture todos os ingredientes, exceto a carne.

b) Misture bem.

43. salmoura de margarita

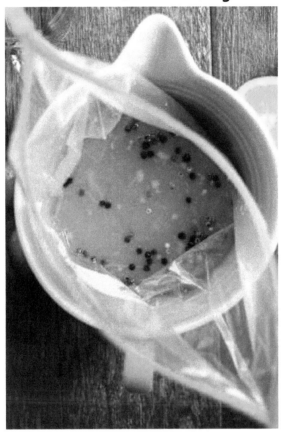

Rendimento: 1 lote

Ingrediente

- 10 onças lata de tomate em cubos
- E pimentões verdes, drenados
- $\frac{1}{4}$ xícara de suco de laranja
- $\frac{1}{4}$ xícara de tequila
- $\frac{1}{4}$ xícara de óleo vegetal
- 2 quilos de lombo de porco, ou
- Peitos de frango ou
- 2 colheres de sopa de suco de limão fresco
- 1 colher de mel
- 1 colher de chá de alho fresco picado
- 1 colher de chá de casca de limão ralada

Instruções:

a) Em um saco plástico grande para alimentos, misture todos os ingredientes.

44. Margarita marinada de camarão

Rendimento: 1 porções

Ingrediente

- $\frac{1}{4}$ xícara de óleo vegetal
- 3 colheres de sopa de suco de limão fresco
- 3 colheres de tequila
- 2 colheres de sopa de triplo segundo
- 1 pimenta malagueta grande; semeado, picado
- $1\frac{1}{2}$ colher de chá de casca de limão ralada
- 1 colher de chá de pimenta em pó
- 1 colher de chá de açúcar
- $\frac{1}{2}$ colher de chá de sal grosso

Instruções:

a) Misture todos os ingredientes em uma tigela pequena. Deixe repousar 15 minutos.

b) Cubra e refrigere.

45. Relish de tequila

Rendimento: 4 porções

Ingrediente

- 2 Limãos, descascados e cortados em
- Seções
- 2 onças de Tequila, de preferência Cuervo
- Ouro
- 1 cebola branca pequena, em cubos
- 2 colheres de sopa de geleia de pimenta
- 2 colheres de vinho branco
- 1 colher de sopa de vinagre de xerez ou champanhe
- 1 colher de sopa de coentro fresco, picado
- 1 colher de chá de sementes de cominho tostadas

Instruções:

a) Misture todos os ingredientes e deixe descansar por 1 hora.

b) Para decorar, use cascas de cenoura e cebolinha.

APERITIVOS DE MARGARITA

46.   bolas de margarita

Rendimento: 1 porções

Ingrediente

- 1 pacote (12 onças) de bolachas de baunilha

- $\frac{1}{2}$ xícara de migalhas de pretzel; (cerca de 1 xícara de pretzels)

- 1 pacote (16 onças) de açúcar de confeiteiro; peneirado

- $\frac{3}{4}$ xícara de margarita congelada ou concentrado de limonada; descongelado

- 2 pacotes (3 onças) de cream cheese

- 1 colher de chá de tequila; ou a gosto, opcional

- 1 colher de chá Triple Sec; (licor de laranja), ou a gosto, opcional

- Casca de 1 limão; ralado fino, (uso dividido)

- 1 agitador; (2,25 onças) açúcar decorador verde

- 1 xícara de açúcar granulado

Instruções:

a) Coloque metade das bolachas de baunilha na tigela do processador de alimentos com lâmina de faca. Processe em migalhas finas. Retire as migalhas e reserve. Repita com as bolachas restantes.

b) Adicione os pretzels (cerca de 1 xícara) ao processador de alimentos e processe até obter migalhas finas para fazer $\frac{1}{2}$ xícara de migalhas.

c) Em uma tigela grande, misture migalhas de wafer, migalhas de pretzel, açúcar em pó, concentrado de margarita e cream cheese em uma tigela grande. Adicione tequila e Triple Sec, se desejar. Mexa até misturar. Divida a mistura ao meio. Enrole cada metade firmemente em plástico e reserve.

d) Combine metade do limão ralado com açúcar de confeiteiro e metade com açúcar granulado em pequenos pires ou em tigelas pequenas, mexendo para distribuir a casca do limão uniformemente.

e) Retire o plástico de 1 porção da massa e molde em bolas de 1 polegada.

f) Depois de moldar cada bola, enrole cada uma no açúcar verde ou branco. Trabalhe rapidamente, porque as bolas secam rapidamente. Repita até usar toda a massa.

g) Guarde em um recipiente hermético na geladeira por até 1 semana

47.   muffins de margarita

Rendimento: 12 porções

Ingrediente

- 2½ xícara de farinha de trigo
- ⅓ xícara de açúcar granulado
- 2 colheres de chá de fermento em pó
- 1 colher de chá de bicarbonato de sódio
- 2 ovos grandes
- 1 colher de tequila Gold
- 1 colher de sopa Triple Sec
- 2 colheres de sopa de suco de limão espremido na hora
- 1 xícara de Manteiga
- 1 colher de sopa de raspas de limão
- 2 colheres de chá de raspas de lima
- sal Kosher

Instruções:

a) Pré-aqueça o forno a 400. Misture ou peneire a farinha, o açúcar, o fermento e o bicarbonato de sódio em uma tigela grande. Em uma tigela média, bata levemente os ovos. Adicione os ingredientes molhados restantes e misture bem.

b) Faça um buraco no centro dos ingredientes secos. Adicione os líquidos, as raspas de limão e as raspas de limão. Mexa delicadamente apenas para misturar a mistura molhada e seca. Coloque em forminhas de muffins untadas. Polvilhe sal kosher levemente sobre os muffins. Asse de 15 a 20 minutos. Retire da panela e esfrie na grade.

48. Espetinhos de Porco Margarita

Rendimento: 1 porções

Ingrediente

- 1 libra de armadura e lombo de porco macio, cortado em cubos de 1 polegada

- 1 xícara de mistura de margarita (OU 1 xícara de suco de limão, 4 colheres de açúcar, 1/2 colher de sal)

- 1 colher de chá de coentro moído

- 1 dente de alho; picado

- 1 pimentão verde ou vermelho grande; corte em 8 pedaços

- 2 colheres de manteiga; suavizado

- 2 espigas de milho; corte em 8 pedaços

- 2 colheres de chá de suco de limão

- $\frac{1}{8}$ colher de chá de açúcar

- 1 colher de sopa de salsa picada

Instruções:

a) Combine a mistura de margarita, coentro e alho. Coloque os cubos de carne de porco em saco plástico pesado; despeje a marinada para cobrir. Marinar por pelo menos 30 minutos.

b) Misture bem a manteiga, o suco de limão, o açúcar e a salsa; deixou de lado.

c) Enfie os cubos de carne de porco nos espetos, alternando com pedaços de milho e pimenta.

d) Grelhe sobre brasas quentes, regando com a mistura de manteiga, por 10-15 minutos, virando com frequência.

49. Camarão Margarita e espetinhos de legumes

Rendimento: 1 porções

Ingrediente

- 1 Envelope Mistura de Molho de Salada Italiana Good Seasons

- $\frac{1}{2}$ xícara de óleo

- $\frac{1}{4}$ xícara de tequila

- $\frac{1}{4}$ xícara de suco de limão

- 1kg de camarão grande; limpo

- Legumes frescos cortados variados;

- Fatias de limão

- Flor fresca comestível

Instruções:

a) Misture a mistura de molho de salada, óleo, tequila e suco de limão até ficar bem misturado.

b) Despeje sobre o camarão e os legumes; cobrir. Leve à geladeira por 1 hora ou durante a noite para marinar. Ralo.

Disponha os camarões e os legumes nos espetos. Grelhe os espetinhos na grelha sobre brasas médias por 10 a 15 minutos, virando uma vez. Decore com fatias de limão e flor fresca comestível.

50.   Espetinhos de camarão Margarita

Rendimento: 27 porções

Ingrediente

- $\frac{1}{2}$ xícara de tequila

- $\frac{1}{4}$ xícara de suco de limão fresco

- $1\frac{1}{2}$ onça de suco de laranja concentrado; descongelado

- 2 colheres de chá de óleo vegetal

- $1\frac{1}{2}$ kg de camarão médio; descascado e descascado

- Espetos de bambu encharcados

- 3 jalapenos frescos; corte como indicado

- 1 pimentão vermelho grande; corte em quadrados de 1,2 cm

- Sal grosso

- Coentro fresco picado

- Fatias de limão

Instruções:

a) CORTE cada jalapeno em 8 pedaços pequenos Prepare a marinada, combinando os ingredientes em uma tigela pequena. Coloque os camarões em um saco plástico ou prato raso, despeje a marinada sobre eles e leve à geladeira por 30 minutos.

b) Acenda a grelha, elevando a temperatura para alta (1 a 2 segundos com o teste manual).

c) Enquanto a grelha aquece, escorra os camarões, descartando a marinada. Espetinho de camarão com jalapenos e pedaços de pimentão, evitando o canto. Deslize uma extremidade do primeiro camarão em um espeto, adicione um pedaço de jalapeno e pimentão para descansar na curva do camarão e, em seguida, deslize a outra extremidade do camarão sobre o espeto. Repita no mesmo espeto com um segundo camarão e os pedaços de jalapeno e pimentão.

Monte os kebabs restantes e polvilhe-os levemente com sal.

d) Grelhe os kebabs descobertos em fogo alto por 1-$\frac{1}{2}$ a 2 minutos de cada lado, até que os camarões fiquem opacos com bordas levemente douradas. O jalapeno e o pimentão devem permanecer um pouco crocantes. Se grelhar coberto, cozinhe kebabs na mesma quantidade de tempo, virando uma vez no meio do tempo.

e) Quando terminar, polvilhe os kebabs levemente com coentro e sirva-os quentes, com fatias de limão para espremer.

51. Tacos de camarão Margarita

Rendimento: 6 porções

Ingrediente

- $1\frac{1}{2}$ libras de camarão com casca; cru
- $\frac{1}{2}$ xícara de tequila
- $\frac{1}{2}$ xícara de suco de limão
- 1 colher de sal
- 1 Dente de alho picado; ou mais a gosto
- 3 colheres de azeite; ou menos
- 2 colheres de coentro picado
- 24 tortilhas de farinha; (6 ou 7 polegadas)
- alface ralada
- 1 Abacate; fatiado; ou mais
- Salsa fresca; como necessário
- 1 lata (15 onças) de feijão preto
- 1 lata (10 onças) de grãos de milho

- $\frac{1}{2}$ xícara de cebola roxa picada

- $\frac{1}{4}$ xícara de azeite

- 2 colheres de suco de limão

- $\frac{1}{4}$ colher de chá de cominho moído

- $\frac{1}{4}$ colher de chá de orégano

- $\frac{1}{4}$ colher de chá de sal

Instruções:

a) Descasque e limpe os camarões, retendo as caudas, se desejar; deixou de lado. Combine tequila, suco de limão, sal; despeje sobre o camarão e deixe marinar não mais que 1 hora.

b) Refogue o alho picado em 1 colher de sopa de óleo até dourar; adicione o camarão, cozinhe e mexa até ficar pronto, 2 a 3 minutos. Adicione óleo conforme necessário.

c) Polvilhe com coentro e mantenha aquecido. Para cada taco, dobre 2 tortilhas macias; recheie com alface ralada e Relish de Feijão Preto e Milho.

Cubra com camarão, fatias de abacate e salsa.

d) Relish de Feijão Preto e Milho: Lave e escorra o feijão; escorra o milho, misture o feijão e o milho com os ingredientes restantes; leve à geladeira para misturar os sabores.

52. Fajitas servidas com um nascer do sol de tequila

Rendimento: 2 porções

Ingrediente

- 1 colher de óleo vegetal

- 1 cebola pequena; finamente picado

- 2 dentes de alho

- 1 pimentão vermelho; finamente picado

- 1 colher de chá de cominho moído

- 1 400 gramas pode feijão vermelho; drenado e lavado

- 1 limão

- 1 colher de óleo vegetal

- 1 pimentão vermelho pequeno; sem sementes

- 1 pimentão amarelo pequeno

- 2 malaguetas verdes grandes; fatiado

- 1 cebola roxa

- 1 maço de coentro pequeno

- Sal e pimenta

- 150 mililitros de creme de leite

- 100 gramas de queijo cheddar; Grato

- 4 tortilhas de farinha

- 120 mililitros de tequila

- 175 mililitros de suco de laranja

- 2 colheres de sopa de xarope de granadina

- Gelo; servir

- 1 Lima; corte em rodelas para decorar

- 1 pote de salsa pronta

- 1 saco de folhas de salada verde

Instruções:

a) Para o Feijão Frito: Aqueça uma panela pequena com 1 colher de sopa de óleo vegetal. Junte a cebola picada e frite por um minuto.

b) Esmague os dentes de alho e adicione 1 colher de chá de cominho moído e pimenta vermelha picada. Cozinhe por 2-3 minutos até amolecer.

c) Para o Recheio de Legumes: Comece aquecendo uma frigideira até ficar bem quente e quase fumegando. Adicione 1 colher de sopa de óleo na panela.

d) Pique o pimentão vermelho em tiras e adicione à panela junto com as tiras de pimentão amarelo. Cozinhe por 3-4 minutos até que fique levemente carbonizado.

e) Corte a cebola em oito fatias e adicione aos pimentões amolecidos, juntamente com as tiras de pimenta verde. Cozinhe por 2-3 minutos até carbonizar, virando ocasionalmente.

f) Adicione o feijão vermelho à mistura de cebola amolecida e esprema o suco de 1 limão. Cozinhe por mais 3-4 minutos, até amolecer. Pique o coentro, deixando alguns raminhos para enfeitar.

g) Cozinhe as tortilhas de farinha em alta no microondas por 30 segundos. Retire o feijão do fogo e amasse a mistura para um purê grosso com um espremedor de batatas. Adicione o coentro picado e tempere.

h) Pegue as tortilhas de farinha e adicione alguns dos feijões fritos em cada uma. Cubra com os legumes, um fio de creme de leite e uma pitada de queijo.

i) Enrole e coloque o lado da costura para baixo no prato de servir. Decore com o coentro, salsa e folhas misturadas.

j) Para o Tequila Sunrise: Misture a tequila e o suco de laranja em uma jarra medidora. Despeje sobre um copo cheio de gelo. Incline ligeiramente o copo e coloque a calda de grenadine. Coloque uma fatia de limão como enfeite e sirva com as fajitas.

53. Gala nachos com molho de manga e tequila

Rendimento: 6 porções

Ingrediente

- 6 tortilhas de milho OU 4 farinhas

- 3 colheres de manteiga

- 6 colheres de açúcar até

- $1\frac{1}{2}$ litro Sorvete ou sorvete ou uma mistura

- 3 xícaras de frutas frescas cortadas

- Molho de Manga-Tequila;

- Nozes Açucaradas

- $\frac{3}{4}$ xícara de gotas de chocolate

Instruções:

a) Empilhe as tortilhas em uma pilha e corte em triângulos, 6 cada para milho, ou 8 cada para farinha.

b) Coloque $\frac{1}{2}$ colher de manteiga e 1 colher de açúcar em uma frigideira grande. Leve ao fogo médio até a manteiga espumar e o açúcar derreter.

c) Adicione tantos triângulos de tortilha quanto couberem sem sobrepor e frite até que eles inchem, cerca de 1 minuto. Vire e frite do outro lado até dourar, cerca de 1 minuto a mais. Retire para um prato sem sobrepor. Adicione mais manteiga e açúcar à panela e continue mais rodadas até que todos os triângulos estejam crocantes.

d) Para montar, disponha bolas de sorvete ou sorvete no centro de uma travessa grande. Espalhe pedaços de frutas ao redor do sorvete e coloque triângulos de tortilha aqui e ali. Coloque o molho de manga-tequila por cima de tudo. Ponto com nozes açucaradas e pepitas de chocolate. Sirva imediatamente.

54. Batata doce com limão e tequila

Rendimento: 1 porções

Ingrediente

- 2 quilos de batata doce; descascado

- $\frac{1}{4}$ xícara de suco de limão fresco

- 2 colheres de mel

- 1 colher de tequila

Instruções:

a) Corte a batata-doce em fatias de $\frac{3}{4}$ de polegada de espessura. Ferva as fatias em uma panela grande em fogo alto por cerca de 6 minutos. Ralo. A batata-doce deve ficar apenas macia. Em uma tigela misture o suco de limão, mel e tequila.

b) Pincele sobre as batatas. Grelhe em grelha untada por 4 a 6 minutos. Pincele repetidamente com a mistura e vire com frequência. A batata-doce está pronta quando estiver dourada.

55. Pedaços de abacaxi com limão tequila grelhado

Rendimento: 4 porções

Ingrediente

- 1 abacaxi maduro grande
- $\frac{1}{4}$ xícara de tequila
- $\frac{1}{4}$ xícara de suco de limão espremido na hora
- 2 colheres de açúcar mascavo

Instruções:

a) Em uma tigela média, misture a tequila, o suco de limão e o açúcar. Adicione pedaços de abacaxi e misture para revestir. Deixe marinar 30 minutos em temperatura ambiente

b) Pré-aqueça a grelha em médio alto. Escorra os pedaços de abacaxi e divida entre os espetos. Escove bem a grelha, limpe com papel toalha untado com óleo e coloque os espetos na grelha em ângulo.

c) Cozinhe um total de 68 minutos, virando com frequência, até que o lado de fora esteja levemente caramelizado.

d) Retire da grelha, deixe esfriar um pouco e sirva 2 espetos em cada tigela de Melancia Granita.

COQUETAIS CLÁSSICOS DE MARGARITA

56. margaritas de damasco

Rendimento: 16 porções

Ingredientes

- 46 onças de néctar de damasco

- 6 onças concentrado de limonada congelada; Descongelado

- 1 xícara de tequila

- $\frac{1}{2}$ xícara de aguardente de damasco

- 4 xícaras de gelo picado

- Fatias de damasco ou limão; Opcional

- Sal grosso; opcional

instruções

a) Em um recipiente não metálico de 4 litros, combine néctar de damasco, concentrado de limonada, tequila, conhaque e gelo. Cobrir; congelar cerca de 4 horas ou até ficar com consistência de granizado, mexendo de vez em quando.

b) Na hora de servir, mexa a mistura. Coloque 3 xícaras de mistura de cada vez no recipiente do liquidificador. Cobrir; bata até obter a consistência desejada.

c) Para servir, esfregue as bordas dos copos com rodelas de limão; mergulhe as bordas em sal grosso. Encha cada copo com a mistura de margarita. Decore com fatias de damasco.

57. Cerveja margarita

Rendimento: 1 porção

Ingrediente

- 6 onças Lata de Limeade concentrada congelada

- 6 onças de tequila

- Cerveja de 6 onças

instruções

a) Misture os ingredientes no liquidificador, adicione alguns cubos de gelo e bata rapidamente. Deixe endurecer por alguns minutos.

b) Despeje o conteúdo sobre o gelo em um copo com borda de sal.

58.   marguerita azul

Rendimento: 1 porções

Ingrediente

- 1 $\frac{1}{2}$ onça fluida de Tequila

- 1 onça fluida de suco de limão

- $\frac{1}{2}$ onça fluida Blue Curaçao

instruções

a) Esfregue a borda do copo com suco de limão e mergulhe no sal.

b) Bata os ingredientes com gelo e coe para um copo de margarita.

59. Margaritas de pera de cacto

Rendimento: 4 porções

Ingrediente

- Fatia de limão
- Sal grosso
- 8 onças de tequila branca
- 4 onças Cointreau
- 4 onças de suco de pera de cacto
- 2 onças de suco de limão rosas
- 2 xícaras de cubos de gelo

instruções

a) Esfregue uma fatia de limão ao redor da borda dos copos de coquetel e mergulhe a borda em um pires de sal grosso.

b) Coloque a tequila, Cointreau, cactus pera e suco de limão e cubos de gelo no liquidificador e bata até ficar espumoso.

c) Divida entre os copos.

60.   Café margaritas

Rendimento: 12 porções

Ingrediente

- Fatias de limão

- Sal grosso

- 3 $\frac{1}{2}$ xícara de mistura agridoce caseira

- 1 xícara de tequila dourada

- $\frac{1}{2}$ xícara Triplo segundo

- 16 cubos de gelo

- 12 rodelas de lima

instruções

a) Esfregue as bordas de 12 copos com fatias de limão. Mergulhe as bordas no sal grosso.

b) Combine 1-$\frac{3}{4}$ xícaras de mistura agridoce, $\frac{1}{2}$ xícara de tequila, $\frac{1}{4}$ xícara de triple sec e 8 cubos de gelo no liquidificador.

Processe até misturar bem. Despeje em 6 copos.

c) Repita com o restante da mistura agridoce, tequila, triple sec e cubos de gelo. Despeje em 6 copos. Decore com uma fatia de lima.

61.   Margaritas de limão fresco

Rendimento: 4 porções

Ingrediente

- 1 xícara de suco de limão fresco
- Sal
- 1 xícara de tequila Cuervo Gold
- $\frac{1}{2}$ xícara de licor de laranja Triple Sec
- 1 colher de açúcar
- 1 colher de água
- 1 clara de ovo
- 1 litro de gelo picado

instruções

a) Umedeça as bordas de 4 copos com um pouco de suco de limão. Enrole as bordas em sal para revestir. Refrigerar.

b) Misture o açúcar com a água. Coloque no liquidificador com a tequila, suco de limão, triple sec e clara de ovo. Misture bem;

adicione o gelo picado e misture rapidamente.

c) Despeje cuidadosamente nos copos sem lavar o sal. Adicione mais gelo a gosto se a bebida estiver muito forte.

62. Margarita espumosa

Rendimento: 1 porções

Ingrediente

- Limonada

- Sal

- 1 $\frac{1}{2}$ onça de tequila

- $\frac{1}{2}$ litro de licor de laranja

- 3 colheres de sopa de mistura agridoce engarrafada

- Gelo moído

instruções

a) Umedeça a borda do copo com suco de limão e gire a borda do copo no monte de sal para cobrir a borda.

b) Misture a tequila, o licor de laranja e a mistura agridoce com gelo picado no liquidificador.

c) Misture até ficar espumoso e despeje no copo preparado.

63.   Margarita de manga congelada

Rendimento: 4 porções

Ingrediente

- $\frac{1}{2}$ xícara de açúcar

- $\frac{1}{2}$ xícara de água

- 1 pedaço de gengibre fresco - (1 "de comprimento); fatiado

- 2 mangas médias; descascado, sem caroço

- $\frac{1}{2}$ xícara de vodca

- 2 xícaras de cubos de gelo

instruções

a) Combine o açúcar, a água e o gengibre em uma panela pequena e pesada. Mexa em fogo médio até que o açúcar se dissolva. Ferva 5 minutos. Retire do fogo.

b) Cubra e deixe em infusão por 1 hora. Variedade. Bata as mangas no liquidificador.

c) Despeje no copo medidor. Retorne $\frac{3}{4}$ xícara de purê ao liquidificador. Adicione $\frac{1}{2}$ xícara de xarope de gengibre, vodka e cubos de gelo no liquidificador. Misture até ficar homogêneo.

d) Sirva em taças de martini.

64. Margaritas de melão congeladas

Rendimento: 4 porções

Ingrediente

- 3½ xícaras de bolas de melão Honeydew

- ¾ xícara de Tequila; Branco

- ⅓ xícara de suco de limão fresco

- ¼ xícara) de açúcar; ou a gosto

instruções

a) Retire e descarte a casca e as sementes do melão e corte frutas suficientes em cubos de ½ polegada para medir 3 ½ xícaras.

b) Congele os cubos de melão em um saco plástico lacrado por pelo menos 3 horas e até uma semana.

c) Bata os cubos de melão congelados no liquidificador com os ingredientes restantes até ficar homogêneo. Despeje a bebida em 4 copos com haste.

65. Jalapeño margaritas

Rendimento: 1 porções

Ingrediente

- 4 pimentas Jalapeno, cortadas ao meio no sentido do comprimento

- 16 onças de tequila

- 1 onça de licor Triple Sec

- 3 onças de suco de limão engarrafado/fresco

- Sal grosso para decorar (opcional)

instruções

a) Coloque as pimentas na garrafa de tequila e deixe em infusão por pelo menos três dias. Para 4 margaritas, despeje 150ml de tequila jalapeno, 30ml de Triple Sec e 90ml de suco de limão em uma coqueteleira cheia de gelo.

b) Mexa e coe em copos sobre cubos de gelo fresco.

66. Margarita granita

Rendimento: 4 porções

Ingredientes

- 1 xícara mais 2 colheres de açúcar

- 1 colher de sopa de raspas de lima finamente raladas

- 6 colheres de sopa de suco de limão espremido na hora (cerca de 3 limões)

- 3 colheres de tequila

- 2 colheres de sopa de suco de laranja fresco

- Sal grosso

- Fatias de lima, para servir (opcional)

instruções

a) Em uma panela média, cozinhe 3 3/4 xícaras de água e açúcar em fogo médio-alto, mexendo, até que o açúcar se dissolva, cerca de 1 minuto. Junte as raspas e o suco de limão, a tequila e o suco de laranja. Tempere com 1/4 colher de chá de sal.

b) Despeje a mistura em um prato raso; esfriar, em seguida, cubra bem com filme plástico. Congele até endurecer, 6 horas ou durante a noite. Usando os dentes de um garfo, raspe a mistura até formar flocos. Congele (coberto) até estar pronto para servir.

c) Decore com fatias de limão, se desejar.

67.   Margarita de mamão

Rendimento: 12 porções

Ingrediente

- 2 papaias descascadas e picadas
- 1 xícara de tequila dourada
- $\frac{3}{4}$ xícara Triple Sec
- $\frac{1}{2}$ xícara de suco de limão fresco mais 2
- tb
- Gelo moído
- Sal para a borda do
- Vidro
- 4 fatias de carambola

instruções

a) Em um processador de alimentos, bata o mamão até ficar homogêneo. Usando uma espátula de borracha, retire e coloque em um recipiente pequeno. Refrigere por 1 hora.

b) Em um liquidificador, adicione metade do purê, metade da tequila, $\frac{1}{4}$ xícara de suco de limão e encha com gelo picado. Misture a mistura em alta até espessa e lamacenta. Despeje em uma jarra.

c) Repita com os ingredientes restantes. Coloque a borda do copo nas 2 colheres de suco de limão e depois no sal.

d) Despeje nos copos e decore com um pedaço de carambola na borda.

68.　　Margarita de framboesa

Rendimento: 1 porções

Ingrediente

- 1 embalagem (pequenas) framboesas congeladas; 6 onças

- 1 lata (6 onças) de limonada congelada

- 1 lata de tequila ou rum

- 2 onças Triple sec

instruções

a) Coloque todos os ingredientes no liquidificador.

b) Misture, adicionando água para a consistência desejada. Serve 6 a 8.

69. Margarita de melancia

Rendimento: 1 porções

Ingrediente

- 4 xícaras de suco de melancia fresco

- 1 xícara de suco de limão

- $\frac{1}{2}$ xícara de Cointreau

- $\frac{1}{2}$ xícara de Tequila; até 1 xícara

instruções

a) Misture e despeje sobre o gelo.

70.   Margaritas de Yucatin com frutas

Rendimento: 12 porções

Ingrediente

- Fatias de limão

- Açúcar

- 3 xícaras de mistura agridoce caseira

- 1 xícara de tequila dourada

- 12 colheres de sopa de néctar de papaia

- 12 colheres de néctar de goiaba

- $\frac{1}{2}$ xícara de creme de coco enlatado

- 16 cubos de gelo

- 12 rodelas de lima

- Esfregue as bordas de 12 copos com fatias de limão. Mergulhe as bordas no açúcar.

instruções

a) Combine 1-½ xícaras de mistura agridoce, ½ xícara de tequila, 6 colheres de sopa de néctar de mamão, 6 colheres de sopa de néctar de goiaba, ¼ xícara de creme de coco e 8 cubos de gelo no liquidificador. Processe até misturar. Despeje em 6 copos.

b) Repita com o restante da mistura agridoce, tequila, ambos os néctares, creme de coco e cubos de gelo. Despeje em 6 copos.

c) Decore cada um com uma fatia de limão.

71.   Cerveja margarita

Rendimento: 1 porção

Ingrediente

- 6 onças Limeade concentrada congelada

- 6 onças de tequila

- Cerveja de 6 onças

instruções

a) Misture os ingredientes no liquidificador, adicione alguns cubos de gelo e bata rapidamente. Deixe endurecer por alguns minutos.

b) Despeje o conteúdo sobre o gelo em um copo com borda de sal.

72. licor margarita

Ingrediente

- 1 garrafa de tequila prata
- 1 casca de laranja; corte em espiral contínua
- 1 Casca de lima; corte em espiral contínua
- 6 onças Cointreau

instruções

a) Adicione casca de frutas cítricas à tequila na garrafa e adicione o Cointreau a gosto. Mantenha refrigerado e sirva em copos de xerez.

b) Leve uma garrafa disso para o anfitrião de um jantar em vez de uma garrafa de vinho.

73. Margarita gelada

Ingrediente

- 1/2 xícara de tequila dourada
- 1/2 xícara de suco de limão fresco
- 1 a 2 colheres de sopa de sal fino
- 1 xícara de gelo bem picado
- 1 rodela de lima, cortada ao meio

instruções

a) Coloque 2 copos de margarita no congelador por pelo menos 1 hora. Misture a tequila e o suco de limão e coloque no freezer.

b) Coloque o sal em um prato raso. Quando estiver pronto para servir, mergulhe a borda dos copos gelados no sal (como os copos estão frios, o sal gruda na borda).

c) Encha os copos com o gelo picado e, em seguida, despeje a mistura de suco de tequila e limão. Sirva imediatamente com o pedaço de limão.

d) Serve 2 porções

74.   Margarita Verde

Ingredientes

- Fatia de limão, para a borda do copo, mais fatia de limão, para guarnecer

- Sal grosso, para borda de vidro

- 2 onças de Suco Super Verde

- 2 onças de tequila

- 1 onça de licor de laranja, como Cointreau

Suco Super Verde:

- 1 a 2 limões grandes e suculentos, com a casca removida

- 1 maçã Granny Smith média, descascada

- 2 folhas de alface

- 1/2 pepino grande

- 1 xícara de verduras saudáveis, como espinafre ou couve

instruções

a) Umedeça a borda de um copo de margarita com uma fatia de limão e, em seguida, role o copo em um ângulo no sal para que apenas a parte externa do copo fique salgada.

b) Misture o Suco Super Verde, a tequila e o licor de laranja em uma coqueteleira cheia de gelo. Agite vigorosamente por 8 a 10 segundos. Coe no copo preparado com gelo. Decore com uma fatia de lima.

c) **Suco Super Verde:** Suco, nesta ordem, os limões, maçã, alface, pepino e verduras, seguindo as configurações específicas do seu espremedor para cada um. Sirva o suco imediatamente com gelo, se desejar.

COQUETAIS MODERNOS MARGARITA

75.   Casa Gengibre Menta Paloma

Ingredientes

- 2 onças. Casamigos Reposado
- 1,5 onças. suco de toranja
- 1 onças. suco de limão fresco
- 0,5 onças. calda comum
- 8-10 folhas de hortelã

Direção

a) Ervas maceradas. Combine todos os ingredientes em uma coqueteleira. Adicione gelo. Agite vigorosamente por 8 a 10 segundos. Coe bem em copo alto. Adicione gelo fresco.

b) Decore com roda de toranja e raminho de hortelã.

76.   Oaxaca à moda antiga

Ingredientes

- 1,5 onças. Tequila Corralejo Reposado

- .5 VIDA Mescal

- 1 colher de bar de néctar de agave

- 2 gotas de Angostura Bitters

- 2 traços Bittermens Xocaloctl Bitters

instruções

a) Misture todos os ingredientes com gelo e coe sobre um cubo de gelo de grande formato em um copo rocks.

b) Decore com uma longa casca de laranja e seus óleos.

77.   A rainha do mármore

Ingredientes

- 1,5 onças. Tequila

- 1 onças. creme de coco

- 0,5 onças. limonada

instruções

a) Junte todos os ingredientes e agite com gelo.

b) Sirva com um salgado or borda temperada.

78.   Milagro Mexican Martini

Ingredientes

- 2 onças. Milagro Select Reposado

- 0,75 onças. vermute bianco

- 1 pitada de bitter de laranja

- Torção de limão

instruções

a) Despeje todos os ingredientes em um copo de mistura, adicione gelo e mexa até esfriar.

b) Coe em uma taça de coquetel gelada e decore com um twist de limão.

79.   El Gavilan

Ingredientes

- 2 onças. Tress Agaves Reposado

- 0,5 onças. suco de toranja

- 0,75 onças. limonada

- 0,75 onças. calda comum

- 1 pitada de Angostura Bitter

- Cubra com refrigerante de toranja

instruções

a) Adicione todos os ingredientes exceto refrigerante na coqueteleira; adicione gelo, agite e coe sobre o gelo.

b) Complete com soda mexicana e decore com roda de limão.

80.   É grego para mim

Ingredientes

- 4 fatias de gengibre
- 1 onças. Tequila
- 0,5 onças. Mavrakis Tsipouro
- 1 onças. limonada
- 0,75 onças. Chambord
- 0,5 onças. agave
- 1 dose de bitter Angostura

instruções

a) Amasse o gengibre no fundo de uma coqueteleira. Misture todos os outros ingredientes na coqueteleira com gelo e agite.

b) Coe em um copo de coquetel e decore com sálvia.

81. Margarita de limão com pepino azul

Ingredientes

- 1,5 onças. Azul Néctar Prata

- 3-4 fatias de pepino

- 0,75 onças. Cointreau

- 1,5 onças. limonada

- 1,5 onças. xarope simples de lima

instruções

a) Macere o pepino com a Tequila Blue Nectar. Adicione os ingredientes restantes e agite com gelo. Coe em vidro de rochas. Decore com uma fatia de pepino.

b) Xarope de Limão: Combine 2 xícaras de água, 1,5 xícaras de açúcar e raspas de 1 limão em uma panela em fogo médio até que o açúcar se dissolva. Retire do fogo e deixe esfriar até estar pronto para uso.

82.   Manhattan vai Hollywood

Ingredientes

- 3 onças. Tequila Casamigos Anejo

- 0,75 colheres de chá de xarope de bordo

- 4 gotas de Orange Bitter

instruções

a) Adicione todos os ingredientes ao copo de mistura, adicione gelo grande e mexa bem. Prove o equilíbrio e a tensão única em um copo de rochas.

b) Decore e sirva.

83.   A Maravilha Mística

Ingredientes

- 1,5 onças. Tequila Casamigos

- 1 onças. purê de figo

- 0,75 onças. agave

- 0,75 onças. limonada

instruções

a) Misture todos os ingredientes em uma coqueteleira com gelo e agite.

b) Coe sobre gelo fresco e decore com uma borda de sal e limão.

84.   Alecrim Margarita

Ingredientes

- 2 onças. Herradura Blanco

- 1 onças. Xarope simples com infusão de alecrim

- 0,75 onças. suco de limão fresco

- 0,5 onças. purê de pêra comprado na loja

- Splash club refrigerante

instruções

a) Adicione todos os ingredientes (exceto club soda) na coqueteleira e agite para combinar.

b) Despeje no copo Collins, servido com gelo. Cubra com um pouco de club soda.

c) Decore com raminho de alecrim fresco.

85.   Baccarat Rouge

Ingredientes

- 2 onças. Tequila

- 1 onças. Suco de maracujá

- 0,25 onças. Dram Pimenta da Jamaica

- 0,25 onças. limonada

- 0,25 onças. Cardamaro Amaro

instruções

a) Adicione todos os ingredientes em uma coqueteleira com gelo e agite vigorosamente. Coe em um copo rocks com gelo fresco.

b) Decore com uma flor de hibisco cristalizada.

86. Margarita de Laranja Sanguínea

Ingredientes

- 1,5 onças. Tequila Prata

- 0,5 onças. Cointreau

- 0,5 suco de laranja sanguínea

- 0,75 onças. calda comum

- 1 onças. limonada

instruções

a) Encha uma lata de mistura com gelo.
   Adicione todos os ingredientes e agite
   vigorosamente. Esvazie o conteúdo da
   coqueteleira em um copo rocks com
   borda salgada.

b) Decore com uma fatia de laranja
   sanguínea.

87. Algo perverso

Ingredientes

- 0,75 onças. Mistura de Sangrita
- 0,75 onças. limonada
- 1,5 onças. suco de abacaxi
- 2 onças. Mescal
- Sal Defumado
- 1 limão

instruções

a) Forre a borda de um copo com sal defumado, primeiro cobrindo com limão e rolando em sal. Despeje todos os ingredientes em uma coqueteleira com gelo e agite antes de coar em um copo com gelo. Decore com uma fatia de lima.

b) Para a Sangrita: Misture metade de um abacaxi, 1 pepino, 1 litro de amoras, 5 pimentas ancho, 1,5 xícara de suco de limão, 1 xícara de suco de laranja, 0,5 xícara de suco de romã e 1,5 xícara de açúcar e coe.

c) Leve à geladeira e armazene por até 2 semanas.

88.   O Bluebonnet

Ingredientes

- 1,5 onças. tequila branca

- 1,5 onças. suco de limão fresco

- 0,75 onças. Cointreau

- 1,5 onças. calda comum

- Algumas gotas Blue Curaçao

- Algumas gotas de granadina

instruções

a) Junte todos os ingredientes e bata com gelo.

b) Despeje o gelo em um copo rocks e decore com rodelas de limão e fatias de jalapeno.

89. A nova moda da tequila

Ingredientes

- 2 onças. Casamigos Añejo

- 0,5 onças. calda comum

- 2 dashes de Angostura Bitter

- 2 dashes de bitter de banana

instruções

a) Adicione todos os ingredientes no copo misturador com gelo.

b) Mexa e coe em um copo de balde sobre um único bloco de gelo. Decore com uma banana bruleed.

90. Margarita de pimenta fantasma

Ingredientes

- 2 onças. Tequila Avion Silver
- 0,5 onças. Grand Marnier
- 0,5 onças. limonada
- 0,5 onças. suco de limão
- 1,5 onças. Xarope Simples de Chili Fantasma

instruções

a) Adicione todos os ingredientes juntamente com gelo em uma coqueteleira, agite e coe sobre gelo fresco em um copo rocks com borda de sal chili. Sirva com uma roda de limão e delicie-se.

b) Xarope simples de pimenta fantasma: Pegue 1 xícara de água e 1 xícara de demerara marrom com uma pimenta fantasma seca, deixe ferver e deixe esfriar.

91.   Pombas de luto

Ingredientes

- 1,5 onças. El Jimador Repousado

- 0,5 onças. Amaro de Angostura

- 0,5 onças. xarope de bordo

- 0,5 onças. suco de toranja

- 0,75 onças. suco de limão

- 0,25 onças. calda comum

instruções

a) Misture todos os ingredientes e sirva com gelo.

b) Decore com uma roda de limão.

92.   Arroio Esfumaçado

Ingredientes

- 1,5 onças. Sombra Mezcal

- 1 onças. suco de toranja

- 0,5 onças. limonada

- 0,5 onças. calda simples de alecrim

- Sal (se desejar)

instruções

a) Combine Sombra, suco de toranja, suco de limão e xarope de alecrim em uma coqueteleira com gelo e agite vigorosamente. Salgue a borda de um copo de pedras. Coe o coquetel com gelo no copo de pedras.

b) Decore com gomos de toranja e raminho de alecrim.

93.   Tepache Kid

Ingredientes

- 2 onças. Três Agaves Añejo

- 1 onças. purê de abacaxi

- 1 onças. xarope de tamarindo (pasta de tamarindo misturada com partes iguais de açúcar refinado e água)

- 2 gotas de bitter de angostura

instruções

a) Despeje todos os ingredientes na coqueteleira com gelo; agitar e coar com as pedras e decorar com a rodela de ananás.

94. Fumando Margarita

Ingredientes

- 2 onças. Avião Branco

- 0,5 onças. Buenbicho Mezcal

- 0,75 onças. limonada

- 0,5 onças. néctar de agave

instruções

a) Combine todos os ingredientes com gelo, agite e coe sobre gelo fresco em um copo de rochas com borda de sal.

95.   Vampiro

Ingredientes

- 1,5 onças. Tres Agaves Tequila Reposado

- 5 onças. Sangrita

- 0,5 onças. limonada

- Equilíbrio com refrigerante de toranja

instruções

a) Despeje a tequila no copo de servir, em seguida, adicione a mistura de sangrita e complete com refrigerante de toranja; misture os ingredientes e decore com a roda de toranja.

96.   Chai Mezcalita

Ingredientes

- Sal, pitada

- 1 onças. limonada

- 0,75 onças. Xarope de Chai

- 1,25 onças. Banhez Mezcal

- 0,75 onças. tequila prata de escolha

- 2 anis estrelados inteiros para decorar

instruções

a) Adicione todos os ingredientes medidos. Encha a coqueteleira com gelo. Agite muito bem. Encha o copo de pedras com gelo e coe no copo. Decore com anis para servir.

b) Para o xarope de Chai: Combine 1 litro de água, 1 colher de sopa de pimenta da Jamaica inteira, 0,5 colheres de sopa de cravo inteiro, 8 anis estrelado inteiro, 3 polegadas de gengibre fresco picado, 1 colher de sopa de pimenta preta inteira,

0,5 colheres de sopa de cardamomo inteiro, 8 canela varas e 0,5 colheres de sopa de extrato de baunilha em uma panela e deixe ferver.

c) Em seguida, deixe ferver por 20 minutos, retire do fogo, adicione 6 saquinhos de chá preto e deixe em infusão por 15 minutos. Adicione 0,75 litros de açúcar. Pode refrigerar por até 6 semanas.

97.   quebra de hibisco

Ingredientes

- 2 onças. Santo Reposado

- 1 onças. Chá de hibisco

- 0,5 onças. Agave

- 0,75 onças. Limonada

- 0,25 xícara de folhas de coentro frescas com caules macios

- Gelo

instruções

a) Prepare o chá de hibisco e deixe esfriar. Em uma coqueteleira com gelo adicione tequila, chá de hibisco, agave, suco de limão e coentro fresco.

b) Agite por 30 segundos. Coe duas vezes em um copo de coquetel cheio de gelo.

98.   Margarita do Diabo

Ingrediente

- 1 1/2 onças de tequila branca

- 1 onça de suco de limão, espremido na hora

- 3/4 de onça xarope simples

- 1/2 litro de vinho tinto

- Decore: roda de cal

instruções

a) Adicione a tequila, o suco de limão e o xarope simples em uma coqueteleira com gelo e agite até ficar bem gelado.

b) Coe em um copo de coquetel.

c) Flutue o vinho tinto em cima, derramando-o lentamente sobre as costas de uma colher de bar para que ele se acumule na superfície da bebida.

d) Decore com uma roda de lima.

99. Bloody Mary

Ingrediente

- 1 1/2 onças de tequila
- 2 gotas de molho inglês
- Polvilhe de sal
- Polvilhe de pimenta
- Polvilhe sal de aipo
- Suco de tomate

instruções

a) Faça tequila e molho inglês em um copo duplo à moda antiga.

b) Polvilhe sal, pimenta e sal de aipo.

c) Preencha com suco de tomate e gelo.

100. Margaritas de Yucatin com frutas

Rendimento: 12 porções

Ingrediente

- Fatias de limão
- Açúcar
- 3 xícaras de mistura agridoce caseira
- 1 xícara de tequila dourada
- 12 colheres de sopa de néctar de papaia
- 12 colheres de néctar de goiaba
- $\frac{1}{2}$ xícara de creme de coco enlatado
- 16 cubos de gelo
- 12 rodelas de lima
- Esfregue as bordas de 12 copos com fatias de limão. Mergulhe as bordas no açúcar.

instruções

d) Combine 1-$\frac{1}{2}$ xícaras de mistura agridoce, $\frac{1}{2}$ xícara de tequila, 6 colheres de sopa de néctar de mamão, 6 colheres de sopa de néctar de goiaba, $\frac{1}{4}$ xícara de creme de coco e 8 cubos de gelo no liquidificador. Processe até misturar. Despeje em 6 copos.

e) Repita com o restante da mistura agridoce, tequila, ambos os néctares, creme de coco e cubos de gelo. Despeje em 6 copos.

f) Decore cada um com uma fatia de limão.

CONCLUSÃO

A papila gustativa humana tem cinco sabores diferentes: salgado, doce, amargo, azedo e umami; a margarita acerta quatro dessas cinco: a borda salgada do copo, a doçura do agave, a amargura da tequila e a acidez do limão. Então, quando você toma um gole de margarita com sal, você corta o amargor do limão e da tequila, enquanto aumenta a doçura e a acidez.

Margaritas são o que você serve para os momentos mais felizes da vida! Esta mistura simples de tequila, limão, agave e licor de laranja roubou nossos corações. Se você gosta do seu infundido em seus pratos, congelado, com gelo, com sal ou sem sal, doce ou picante, a margarita estará à altura da ocasião!